Antje Wilkening

Geldgeschenke für die Hochzeit

Neue Ideen mit dem Euro

Ravensburger Ratgeber
im Urania Verlag

Inhalt

Vorwort

Eine Hochzeit ist zu jeder Jahreszeit ein wunderschönes Ereignis – eine »Hoch-Zeit« für alle Beteiligten. Als Geschenk wünschen sich die Brautleute häufig Geld für die Wohnungseinrichtung, eine Hochzeitsreise oder für andere Dinge, mit denen sie ins Eheleben starten möchten. Doch soll man die Geldscheine einfach nur in einen Briefumschlag stecken? Das wirkt eher stillos und unpersönlich. Damit das Geldgeschenk zu einem unvergesslichen Präsent wird, zeigen wir Ihnen in diesem Buch schöne, verspielte und auch witzige Ideen, die das Brautpaar erfreuen werden.

Wählen Sie ganz nach Belieben aus den hier vorgestellten Ideen die passende aus. Viele der hier gezeigten Objekte lassen sich auch noch nach dem großen Tag zur Dekoration für die Wohnung oder als Gebrauchsgegenstand nutzen.

Die meisten Dinge gehen selbst ungeübten Bastlern rasch von der Hand, einige benötigen jedoch auch etwas Zeit und Geschick. Doch nur Mut: »Frisch gewagt ist halb gewonnen« soll ja nicht nur für das Brautpaar gelten.

Alle abgebildeten Modelle lassen sich natürlich abwandeln. Damit Sie auch andere Gegenstände ganz nach Ihrem persönlichen Geschmack entwerfen oder gestalten können, stellen wir Ihnen kurz einige Grundtechniken vor. Lassen Sie Ihrer Kreativität freien Lauf! Die Brautleute werden sich freuen.

Ich wünschen Ihnen viel Spaß beim Basteln und unvergessliche Hochzeitsfeste.

Antje Wilkening

Techniken

ÜBERTRAGEN VOM VORLAGENBOGEN

Legen Sie Transparentpapier auf die Vorlage, ziehen Sie die Konturen des Motivs mit einem Stift nach und schneiden Sie es aus. Dann die ausgeschnittene Vorlage auf Fotokarton oder Moosgummi legen und die äußeren Konturen nachzeichnen. Damit keine Linien sichtbar bleiben, benutzen Sie am besten einen Phantomstift, dessen Striche sich leicht entfernen lassen.

Beim direkten Übertragen vom Vorlagenbogen legen Sie unter das Motiv Kohlepapier und beides auf den Bastelgrund. Für dunkle Untergründe nehmen Sie weißes oder gelbes Kohlepapier.

ARBEITEN MIT MOOSGUMMI

Im Hobby-Fachgeschäft sind Moosgummi-Platten in unterschiedlichen Größen (A3, A4, A6) in 1–3 mm Stärke ebenso wie viele vorgestanzte Formen, Figuren, Zahlen und Buchstaben einfarbig und regenbogenfarben sowie bedruckt erhältlich.

Zum Schneiden von Moosgummi und Tonkarton verwenden Sie kleine Nagelscheren, Scheren oder Bastelmesser; zum Kleben eignen sich Klebestift, Bastelkleber oder Heißkleber.

Das vom Vorlagenbogen abgepauste Motiv (siehe oben) auf die Moosgummi-Platte legen und mit einem spitzen Gegenstand (wie Holzstäbchen oder Scherenspitze) die äußere Kontur nachziehen. Entlang dieser Kontur wird das Motiv ausgeschnitten. Achten Sie darauf, Schere oder Bastelmesser beim Schneiden nicht abzusetzen – so erhalten Sie saubere Schnittkanten.

Moosgummi-Motive können mit wasserfesten Filzstiften, Bastellacken und Pinsel bemalt werden.

Holzstäbchen dienen zum Auftragen von sehr feinen Linien und Punkten.

GESTALTEN VON GELWACHS-KERZEN

Gelwachs wird in verschiedenen Farben angeboten, die untereinander mischbar sind. Durch Zugabe von transparentem Gelwachs kann eine Farbe aufgehellt und somit durchscheinend werden. Das Wachs wird im siedenden Wasserbad erhitzt. Die richtige Temperatur ist dann erreicht, wenn das gesamte Wachs geschmolzen ist. Das flüssige Wachs kann in das vorbereitete Gefäß entweder in einem Vorgang oder in Schichten gegossen werden. Auf diese Art lassen sich Farbschichten voneinander abgrenzen und Decoteile in unterschiedlichen Höhen anordnen.

Der spezielle Gelwachs-Docht wird zwischen zwei Holzstäbchen geklemmt, die mit Gummiring, Faden oder Klebestreifen zusammengedrückt werden. Die Stäbchen liegen auf dem Glasrand.

HERSTELLEN VON SANDFORMEN

Den Decosand mit Sandhärter gemäß den Angaben des Herstellers mischen. Die Masse in die gewünschte Form drücken. Geeignet sind alle Formen, aus denen der gehärtete Sand sich problemlos herauslösen lässt. Soll eine Aufhängung, wie Draht, angebracht werden, wird diese in den noch weichen Sand eingedrückt. Soll die Aufhängung durch die Form gehen, wird in die noch nicht durchgehärtete Form ein Kanal gebohrt, durch den diese geführt werden kann.

BEFESTIGEN DES GELDES

Zum Befestigen der Geldscheine eignet sich hervorragend doppelseitiges Klebeband, da es sich einfach wieder entfernen lässt. Zum Zusammenbinden von gerollten Scheiben können Sie dünnen Draht (0,25 mm) oder Zwirn benutzen. Münzen sollten mit Heißkleber befestigt werden. Die Münzen lassen sich durch Auseinanderziehen wieder trennen und der Heißkleber von den Münzen entfernen.

HERSTELLEN VON FIMO-FIGUREN

FIMO Soft und FIMO Classic sind einfach zu verarbeitende Modelliermassen, die sich zur Herstellung von kleinen Figuren oder Dekorationsobjekten gut eignen. Sie sind in verschiedenen Farben erhältlich, die miteinander verknetbar sind. Die beiden FIMO-Arten lassen sich gut miteinander verarbeiten. Die aus Fimo geformten Objekte werden im Backofen gehärtet. Beachten Sie hierfür die Angaben des Herstellers auf der Packung. Nach dem Abkühlen können die Objekte zum Schutz vor Schmutz und Staub mit Klarlack überzogen werden.

SERVIETTENTECHNIK

Papierservietten mit schönen Motiven für eine Hochzeitskarte oder zum Gestalten eines anderen Gegenstandes gibt es in großer Auswahl, in unterschiedlichen Farben und verschiedenen Größen. Es wird immer nur die oberste, bedruckte Papierlage einer Serviette verwendet.

Schneiden oder reißen Sie das gewünschte Motiv zuerst aus. Für das exakte Ausschneiden kleiner Motive wird eine Silhouettenschere verwendet.

Bestreichen Sie den zu gestaltenden Untergrund mit wasserlöslichem Serviettenkleber (wie Art-Potch-Kleber), der matt oder glänzend erhältlich ist. Legen Sie das Motiv auf und streichen Sie es mit einem weichen Pinsel vorsichtig von innen nach außen glatt. Auch Falten lassen sich so vorsichtig ausstreichen. Das Ganze etwa 20 Minuten trocknen lassen. Um die Oberfläche gegen Staub und Schmutz zu versiegeln, kann der Spezialkleber nach dem Trocknen nochmals aufgetragen werden.

3-D-TECHNIK

Servietten- und andere Papiermotive (wie Poesiebilder, Fotos, Geschenkpapier) lassen sich in 3-D-Technik plastisch gestalten. Hierfür wird ein Motiv auf den Hintergrund und bei Servietten ein zweites zunächst mit Serviettenkleber auf ein festes Trägermaterial wie stabiles Papier oder Folie aufgebracht. Für einen größeren plastischen Effekt werden die aufzubringenden Motive mit einer Silhouettenschere exakt ausgeschnitten; die Innenteile lassen sich am besten mit einem Cutter auf der Schneidematte entfernen.

Das Motiv wird mit Abstandhaltern (wie speziellen Abstandhaltern, Moosgummi, Silikon) in Lagen übereinander angebracht. Achten Sie bei Motiven, die in mehrere Ebenen angeordnet werden, darauf, die Abstandhalter versetzt übereinander anzubringen. Von Schicht zu Schicht können Sie ein weiteres Motivteil wegschneiden, was den 3-D-Effekt erhöht. Blicken Sie beim Aufbringen des Motivteils senkrecht auf das Bild, um es in die richtige Position zu rücken. Drücken Sie das aufgelegte Motiv nicht zu fest an, damit der Abstand zwischen den Ebenen erhalten bleibt.

Brennende Sektgläser

In den Sektgläsern die Dochte platzieren (s. Seite 5). Das Gelwachs im siedenden Wasserbad erhitzen, bis die Masse geschmolzen ist. Hierfür die Herstellerangaben beachten.

Um das Geld in den Sektgläsern gut zur Geltung zu bringen, wird das Gelwachs in Schichten gegossen.

Erhitzen Sie zunächst nur etwa ein Drittel der für die Gläser erforderlichen Menge. In die Gläser gießen und erkalten lassen. Auf diesem so genannten »Spiegel« die Münzen verteilen. Dann wird die nächste Wachsmenge vorbereitet und in die Gläser gegossen. Dieser Vorgang lässt sich beliebig oft wiederholen. Das letzte Glasdrittel sollte ohne Münzen nur mit Wachs aufgegossen werden.

Karte mit Sektgläsern

Das Naturpapier im Kartenformat zuschneiden. Das Motiv in Serviettentechnik in zwei Exemplaren ausschneiden, weiterverarbeiten (s. Seite 6) und auf das Naturpapier kleben. Die Sektglasfüllung zweimal ausschneiden, auf Folie aufkleben und von hinten mit dem Prägestift wölben. Dafür das Motiv mit der Vorderseite auf eine weiche Unterlage oder in die hohle Hand legen. Mit dem Prägestift drücken Sie auf der Rückseite das Motiv in die Unterlage. In leicht kreisenden Bewegungen wird von innen nach außen gearbeitet. Der Rand wölbt sich dabei und das Motiv erhält eine leicht bauchige Form.

Die Motive mit Abstandhaltern versehen und deckungsgleich auf das Hintergrundmotiv kleben. Etwas Serviettenkleber auf dem Serviettenmotiv verteilen und Glitter aufstreuen. Die Doppelkarte in das Naturpapier einlegen und mit Bouillondraht fixieren. Draht vorne verknoten und verknäulen.

Den Geldschein zu einem Quadrat falten. Das so entstandene Geldpäckchen mit Bouillondraht zu einer Schleife umbinden und mit einem Abstandshalter auf der Karte fixieren.

MATERIAL

Naturpapier mit Goldsprenkeln
Serviette mit Sektgläsern
Folie
doppelseitig klebende
Abstandhalter
Glitter gold
Doppelkarte weiß (11,5 x 18 cm)
Bouillondraht gold
Schere
Pinsel
Serviettenkleber
Prägestift

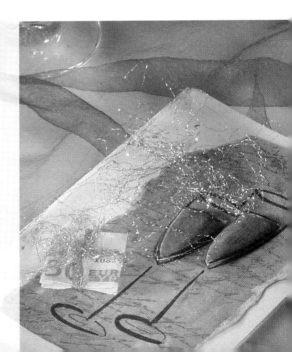

Magnettafel

MATERIAL

Moosgummi weiß, schwarz,
hautfarben, rot, grün
Wackelaugen (3 Paar)
Wollreste gelb
Geschenkband tüllartig, weiß
Perlenschnur
Klebstoff
Scheibenmagnete
Verzinktes Eisenblech/Keksdosen-
Deckel, Tafelfolie
wasserfester Filzstift schwarz
Lackstift weiß

Übertragen Sie alle Motiv-Teile vom
Vorlagenbogen auf das Moosgummi
(s. Seite 4) und schneiden Sie diese
aus. Für alle Figuren Wackelaugen,
Nase und Mund auf den Kopf
kleben.

Braut: Gleich lange Wollfäden
in der Mitte zusammenbinden
und oben an den Kopfrand
kleben. Kopf und Hände auf
das Kleid, Blumengrün auf die
Hände und Blüten auf das
Blumengrün kleben. Perlenschnur an den Haaren befestigen;
Geschenkband als Schleier drapieren
und Schuhe von hinten ankleben.

Bräutigam: Hemdausschnitt und
Hose von hinten an und Kragenecken,
Blüte, Hände und Kopf auf das Jackett
kleben. Jackettaufschläge auf die Hände,
Hut am oberen Kopfrand, Socken von
hinten an- und Schuhe vorne aufkleben.
Mit schwarzem Stift die Knöpfe auf das
Hemd malen.

Pastor: Kopf, Hände und Beffchen auf
die Soutane kleben. Schuhe von hinten
befestigen. Blätter mit Buchdeckel zu-
sammenkleben und auf die
Hände setzen. Mit weißem
Lackstift die Kreuze auf das
Buch malen und einige
Haare am Kopf andeuten.
Je einen Scheibenmag-
neten auf der Rückseite
der Figuren in der Mitte
ausrichten und mit Kleb-
stoff befestigen.
Ein Stück Tafelfolie
zuschneiden und auf
das Blech kleben.
Geldscheine auf die
Tafel legen und mit
den Figuren befesti-
gen.

Zylinder
und Brautschleier

MATERIAL

Zylinder
Fotokarton schwarz
Schrägband aus Satin schwarz
Schleier
Tüll weiß (50 x 80 cm)
Schrägband aus Satin weiß
Stoffröschen
Wachsperlen
Nadel und Faden
Schere
Klebstoff
Klebeband

Zylinder: Die Motiv-Teile vom Vorlagenbogen auf den Fotokarton übertragen (s. Seite 4); die Hutkrempe doppelt anfertigen und den Hutkörper entsprechend vergrößern. Alle Teile ausschneiden. Den Hutkörper zu einem Zylinder drehen und verkleben. Die Klebekanten für die Hutkrempe am Hutkörper nach außen knicken, Klebstoff auftragen und Hutkrempe aufkleben. Zweite Hutkrempe von unten dagegen setzen. Die Klebekanten am Hutkörper für den Hutdeckel nach innen knicken, Klebstoff auftragen und Hutdeckel festkleben. Schrägband um die Hutkrempe und den unteren Hutrand legen und verkleben. Geldscheine als Banderole drapieren und mit Klebeband fixieren.

Brautschleier: Die beiden kurzen Seiten des Tülls mit Schrägband einfassen. Den Tüll zu einem Drittel in den Stoffbruch legen, mit einigen Stichen heften und anschließend raffen. Auf den gerafften Tüll Stoffröschen aufnähen. Perlen an den langen Tüllseiten und zwischen die Stoffröschen aufnähen.

Geldscheine ziehharmonikaartig falten, in der Mitte mit einem Faden fest umwickeln und verknoten. Die beiden Seiten fächerartig auseinander ziehen, mit Klebeband zu einer Rosette verkleben und aufnähen.

Lasst Blumen sprechen

Blumen: Die Motive auf das Moosgummi übertragen und ausschneiden (s. Seite 4). Jede Blüte besteht aus einem Blütenkranz, einem »Blütenstempel« in Gelb und einem in der Blumenfarbe. Den Draht durch die Blütenmitte stecken. Den gelben »Blütenstempel« vorne auf die Blüte über den Draht kleben.

Den »Blütenstempel« in der Blütenfarbe hinten über dem Draht fixieren. Seitlich durch den Blattrand den Draht durchschieben. Die Münze auf den »Blütenstempel« mit Heißkleber aufkleben.

Schmetterlinge: Schmetterlingskörper auf das Moosgummi übertragen und ausschneiden. Durch den Kopf einen ca. 2 Zentimeter langen Silberdraht durchstecken und die Drahtenden zu Fühlern biegen. Die Geldscheine ziehharmonikaartig falten und in der Mitte mit einem Drahtende zusammenfassen. Schmetterlingskörper mit Klebstoff auf dem Draht, der den Schein hält, fixieren.

Vase: Steckmoos in die Vase geben, Krepp-Papier feststecken und Blumen- und Schmetterlingsstecker hineinstecken.

Gerahmte Scheine

MATERIAL

Holzrahmen (ca. 25 x 30 cm)
Acrylfarben pink, orange
Goldbronze flüssig
Kupferdraht
Tüllband rot
Schleifenband rosa
Pinsel, Tacker

Den Holzrahmen in Orange und Pink bemalen. Gut trocknen lassen und sparsam Goldbronze auftragen. Auf der Rückseite Kupferdraht kreuz und quer ziehen und an den Rahmen tackern. Die Bänder locker durch die Drähte ziehen; die Geldscheine dazwischen drapieren.

Zwischen Glas

MATERIAL

2 Glasplatten (21 x 30 cm)
Bouillondraht silber
gestanzte Hologrammherzen
Kupferband (8 mm) Tiffanybedarf
doppelseitiges Klebeband

Auf einer Glasplatte mit doppelseitigem Klebeband den Schein befestigen. Bouillondraht auseinander ziehen und mit den Streuherzen um den Schein drapieren. Zweite Glasplatte auflegen und Kupferband um die Ränder kleben. Mit einem Lötkolben und Bleilot lässt sich das Kupferband auch verlöten.

Sektflasche

MATERIAL

Sektflasche
selbstklebende Hologrammfolie
wasserfester Filzstift schwarz
Schere, Cutter

Das Etikett von der Sektflasche, gegebenenfalls mit warmem Wasser, ablösen.

Aus der Hologrammfolie ein Rechteck (15 x 7 cm) schneiden. Auf der Rückseite einen rechteckigen Ausschnitt (8 x 7 cm) aufzeichnen und mit dem Cutter ausschneiden. Die Hologrammfolie auf der Vorderseite nach Belieben beschriften. Das Schutzpapier von der Folie lösen und den Geldschein von hinten gegen die Folie kleben. Zum Schluss das fertige Etikett auf die Flasche kleben und fest andrücken.

Aus der Hologrammfolie ein Herz ausschneiden und auf den Flaschenhals kleben.

TIPP

Die Sektflasche mit den Sektgläsern (s. Seite 8) auf einem Silbertablett arrangieren.

Aschenputtelschuh

MATERIAL

Pumps
Acryllack pink
Goldbronze flüssig
Plusterpen Magic, rot
Strass-Steine, verschiedene
Größen
Seidenpapier weiß
Tüll weiß
Pinsel, Haarföhn
Klebstoff
Faden, Klebepad

Den Schuh mit Acryllack bemalen. Gut trocknen lassen. Dann an einigen Stellen sparsam mit dem Borstenpinsel flüssige Goldbronze aufbringen. Mit dem Plusterpen kleine Ranken und Spiralen aufmalen. Das Ganze etwa 6 Stunden trocknen lassen und anschließend die Motive föhnen, bis die Farben aufgehen.

Mit Klebstoff Strass-Steine entlang dem Schuhrand kleben. Den Schuh mit Seidenpapier und Tüll ausstopfen. Den Geldschein ziehharmonikaartig falten, in der Mitte mit einem Faden fest umwickeln und verknoten. Den Geldschein mit einem Klebepad, doppelseitigem Klebeband oder einer Büroklammer am Schuh befestigen oder einfach in den Schuh hineinstecken.

TIPP

Ein Schuh der Braut wird versteigert. Bei allen glatten Beträgen darf die Braut geküsst werden. Das Geld bekommen die Brautleute geschenkt.

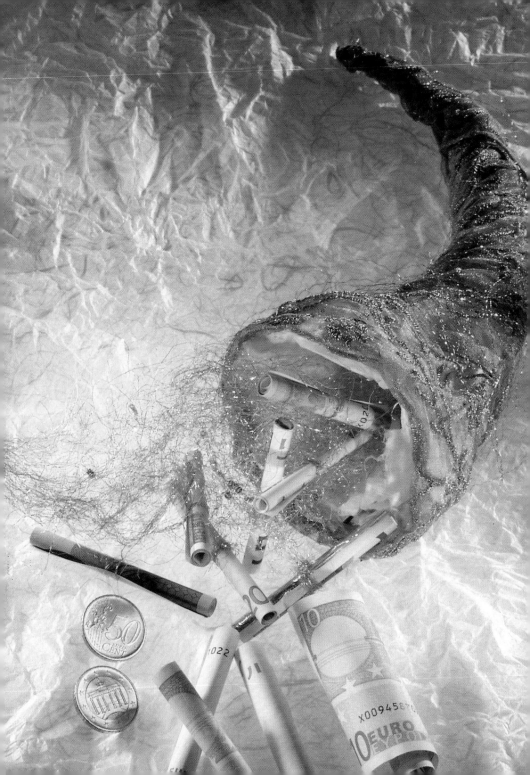

Füllhorn

MATERIAL

geschnittener
Ochsendraht/Steckdraht
Blumendraht
drahtverstärktes Geschenkband
(6,5 x 100 cm)
Bouillondraht gold
Seidenpapier weiß
Perlen bronzefarben (Ø 2,6 mm)

Einen Stab Ochsendraht zu einem Ring biegen (s. Vorlagenbogen, Skizze 1) und die Enden mit Blumendraht verdrahten. Strahlenförmig weitere Drahtstäbe an dem Drahtring anbringen (s. Vorlagenbogen, Skizze 2). Die unteren Enden der Drahtstäbe bündeln und mit Blumendraht umwickeln (s. Vorlagenbogen, Skizze 3). Das Füllhorn vorsichtig in die gewünschte Form biegen.

Von oben beginnend das Füllhorn mit drahtverstärktem Geschenkband fest umwickeln und die Bandenden feststecken. Anschließend das ganze Füllhorn mit Bouillondraht umwickeln.

Das Innere des Füllhorns mit Seidenpapier ausstopfen. Zum Schluss einige Perlen auf den Bouillondraht auffädeln, den Draht verknäulen und fest ins Innere des Füllhorns drücken. Geldscheine aufrollen und mit Bouillondraht zu einer Reihe zusammenbinden. Am Füllhorn befestigen.

Geldbaum

Einen »Bund« geschnittenen Ochsendraht mit Blumendraht umwickeln. Dabei darauf achten, dass oben und unten die Stäbe für die Äste und Wurzeln nicht umwickelt werden (s. Vorlagenbogen, Skizze 1). Für die Wurzeln jeweils zwei Drahtstäbe zusammenbiegen, leicht verdrehen und gegebenenfalls zur Verstärkung mit Blumendraht umwickeln. Alle Stäbe strahlenförmig vom Stamm wegbiegen, so dass der Baum stehen kann (s. Vorlagenbogen, Skizze 2). Verfahren Sie mit den oberen Drahtstäben ebenso und biegen Sie diese zu Ästen zusammen (s. Vorlagenbogen, Skizze 3). Dickere Äste zusätzlich mit Blumendraht, jedoch nicht gänzlich, umwickeln. Auf die abstehenden Enden werden Perlen aufgezogen (s. Vorlagenbogen, Skizze 4). Zum Schluss zwischen den Ästen Kupferdraht hin und herziehen und gelegentlich Perlen aufziehen. Den Draht abschneiden und wiederum Perlen aufziehen und an den Ästen befestigen.

Die Münzen werden mit Heißkleber angeklebt. Legen Sie hierfür ein ca. 15 cm langes Stück Kupferdraht doppelt auf eine Münze. Kleben Sie eine zweite Münze von oben dagegen. Anschließend können die Münzen mit dem Draht in den Baum gehängt werden. Den Draht dafür um die Äste wickeln.

Gefülltes Herz

MATERIAL

Acrylform, Herz, 2-teilig
Tüllband weiß (ca. 2 m)
Rosenranke
Klebstoff
Zwirn weiß

Die Geldscheine ziehharmonikaartig falten, in der Mitte mit Zwirn zusammenbinden und mit Tüllband in das Herz drapieren. Dieses mit Klebstoff verschließen, die Ranke um das Herz legen und im Abstand von 3 cm mit der Schale verkleben. Durch die Ranke Tüllband winden und oben zu einer Schleife binden.

Karte mit Herzen

Aus Kokospapier eine Doppelkarte (14,5 x 14,5 cm) und aus Naturpapier ein etwas größeres, doppelt gelegtes Einlegeblatt herstellen. Die Ränder des Einlegeblatts mit der Zierrandschere beschneiden und mit dem zur Schleife gebundenen Geschenkband in der Karte fixieren. Ein Stück gerissenes Naturpapier auf die Vorderseite kleben. Zwei kleine Sandherzen (s. Seite 5) auf das Naturpapier kleben. Geldscheine rollen und mit Zwirn an der Schleife befestigen.

Letzte Rettung

Hölzer zurechtschneiden und an beiden Enden mit Draht zu einem Floß verbinden. Jeweils ein Querholz dagegengesetzen und mit Draht befestigen. Einen Holzstab als Mast zwischen die Floßhölzer klemmen und mit Schnur zu den Seiten abspannen. Befestigen Sie die Schnur unter dem Floß. Bringen Sie am Mast einen weiteren Holzstab als Quermast mit Schnur an.

Zwei Geldscheine mit Klebeband aneinander kleben und am Quermast befestigen. Mehrere Münzen aufeinander schichten und mit Heißkleber verkleben.

Aus Chenilledraht eine Figur formen. Eine Holzperle als Kopf aufsetzen und ein Gesicht aufmalen. Einen Geldschein rollen, mit Klebeband verkleben und an der Figur befestigen. Die Figur und den Münzstapel mit Heißluftkleber auf das Floß kleben.

Brautpaar ärgere dich nicht!

MATERIAL

FIMO Soft schwarz, weiß, rot,
grün, pink, hellblau
4 Holzhalbkugeln lila mit Loch
(Ø 1,0 cm)
4 Holzhalbkugeln rot mit Loch
(Ø 1,0 cm)
8 Zahnstocher aus Holz, Klarlack
Moosgummi Schwarz
(40 x 40 cm)
selbstklebende Hologrammfolie
rot, blau, grün, gold
Pinsel, Phantomstift

SPIELFIGUREN

Für die Herzen in Hellblau und Rosa
werden zwei gleich große Fimostücke zu
je einem Tropfen geformt. Die beiden
Tropfen vorsichtig zusammendrücken
und mit dem Finger die Nahtstelle verstreichen (s. Vorlagenbogen, Skizze 1).
Einen Zahnstocher halbieren und damit
das Herz mit der Holzhalbkugel verbinden (siehe Skizze, Schritt 2). Etwas Fimo
von der Herzspitze über die Holzhalbkugel verstreichen.

Für die Braut und den Bräutigam alle
Teile (s. Vorlagenbogen) in den entspre-
chenden Farben formen, aufeinander
setzen und die Nahtstellen vorsichtig mit
dem Finger verstreichen.

Alle Figuren gemäß Herstellerangaben im Ofen härten, abkühlen lassen und mit Klarlack überziehen.

SPIELBRETT
Moosgummi zuschneiden (s. Seite 4) und mit einem Phantomstift die Hilfslinien (s. Vorlagenbogen) übertragen. Aus der Hologrammfolie 40 kleine Kreise und aus jeder Farbe je 4 große Kreise ausschneiden, die Folie abziehen und entlang den Hilfslinien aufkleben.

Die Deutsche Bibliothek – CIP-Einheitsaufnahme
Ein Titeldatensatz für diese Publikation ist bei Der Deutschen Bibliothek erhältlich.
ISBN 3-332-01329-7

www.dornier-verlage.de
www.urania-ravensburger.de
1. Auflage Dezember 2001
© 2001 Urania Verlag, Berlin
Der Urania Verlag ist ein Unternehmen der Verlagsgruppe Dornier.
Alle Rechte vorbehalten.
Umschlaggestaltung: Behrend & Buchholz, Hamburg
Fotos: die licht gestalten, Berlin
Modelle: Antje Wilkening
Zeichnungen: Antje Wilkening (Design), Martin Schulze (Ausführung)
Lektorat: Berliner Buchwerkstatt, Vera Olbricht
Gestaltung und Layout: Berliner Buchwerkstatt, Ulrike Sindlinger / Britta Dieterle
Druck: Messedruck Leipzig GmbH
Printed in Germany

Gedruckt auf alterungsbeständigem Papier mit chlorfrei gebleichtem Zellstoff.

Die Schreibweise entspricht den Regeln der neuen Rechtschreibung.